BEI GRIN MACHT SICH IHR WISSEN BEZAHLT

AF145636

- Wir veröffentlichen Ihre Hausarbeit,
  Bachelor- und Masterarbeit

- Ihr eigenes eBook und Buch -
  weltweit in allen wichtigen Shops

- Verdienen Sie an jedem Verkauf

Jetzt bei www.GRIN.com hochladen und kostenlos publizieren

Bibliografische Information der Deutschen Nationalbibliothek:

Die Deutsche Bibliothek verzeichnet diese Publikation in der Deutschen National-
bibliografie; detaillierte bibliografische Daten sind im Internet über http://dnb.d-
nb.de/ abrufbar.

Impressum:

Copyright © 2017 GRIN Verlag, Open Publishing GmbH
Druck und Bindung: Books on Demand GmbH, Norderstedt Germany
ISBN: 9783668574816

Dieses Buch bei GRIN:

http://www.grin.com/de/e-book/380896/softwareentwicklungsprojekte-und-ihre-
phasen

Dragan Ilic

Softwareentwicklungsprojekte und ihre Phasen

GRIN Verlag

GRIN - Your knowledge has value

Der GRIN Verlag publiziert seit 1998 wissenschaftliche Arbeiten von Studenten, Hochschullehrern und anderen Akademikern als eBook und gedrucktes Buch. Die Verlagswebsite www.grin.com ist die ideale Plattform zur Veröffentlichung von Hausarbeiten, Abschlussarbeiten, wissenschaftlichen Aufsätzen, Dissertationen und Fachbüchern.

Besuchen Sie uns im Internet:

http://www.grin.com/

http://www.facebook.com/grincom

http://www.twitter.com/grin_com

I. Inhaltsverzeichnis

II.   Abbildungverzeichnis

III.   Tabellenverzeichnis

1 Einleitung

Smartphones, PCs, Telefone und Fernseher sind für uns eine Selbstver-
ständlichkeit. Und jedes technische Gerät verfügt über eine Software. Heut-
zutage durchdringen Computer alle Lebensbereiche, und mit Ihnen die Software, welche die Computer steuern. Doch will man Software für den Markt
entwickeln, so muss diese hohen Anforderungen nach Funktions-, Qualitäts-,
Termin- und Kostentreue gerecht werden. Hinzu kommt, dass die Entwicklung von Softwaresystem bis heute nur ungenügend beherrscht wird. In der
Regel werden mehrere Versionen von Software erzeugt. Software wird wei-
terentwickelt und erweitert, und veraltete Softwareversionen werden durch
neue und verbesserte ersetzt.

So ist der teuerste Software-Fehler die Rakete Ariane-5 gewesen im Jahr
1996. Die installierte Software interpretierte die Flugdaten falsch, desweitern
kam es zu einem Speicherüberlauf am Bordcomputer, was dann schließlich
das Ende der Rakete bedeutet. Diese hatte sich dann kurz nach dem Start
selbst Zerstört.[1]

Dieses Assignment befasst sich mit der Softwareentwicklung. Dazu werden
die einzelnen Phasen von der Planung, Lastenheft, über den Entwurf bis hin
zur Realisierungsphase und Inbetriebnahme in den Grundlagen erläutert. Im
Hauptteil wird dann ein konkretes Beispiel aus eigener Erfahrung erläutert.

Ziel dieses Assignments ist es dem Leser einen Eindruck in die Methoden
und Techniken zu zeigen und zu vermitteln, um eine Software in einem ge-
geben Zeitrahmen mit den genannten Phasen des Softwaremanagement zu
realisieren.

---

[1] siehe http://www.rvs.uni-bielefeld.de/

2 Grundlagen

2.1 Planungsphase

Die Projektplanung ist die umfangreichste, schwierigste und wichtigste Aufgabe, denn in der Planungsphase werden die Weichen gestellt, welche das Projekt auf einen erfolgreichen Weg oder Holzweg führen wird. Mit der Entwicklung der Software kann erst begonnen werden, wenn festgestellt wurde, dass das Projekt fachlich, wirtschaftlich und personell durchführbar ist. Die Planungsphase umfasst drei Haupttätigkeiten.

Projektvorschlag
Mit einer groben Problemanalyse begründet man, warum über ein Softwareentwicklungsprojekt durchgeführt werden soll, und welches Ziel man damit erreichen will. Man beschreibt die Probleme und Schwachstellen des Systems, oder welche Verbesserungen initiiert werden können um den Wettbewerbsdruck stand zu halten.

Voruntersuchung
Das Problem wird konkretisiert und erste Konzepte werden entworfen. Dazu werden IST-Zustände umrissen und SOLL-Zustände entworfen. Dabei werden die wesentlichen Anforderungen festgelegt wie z.B.: Hauptfunktion, Hauptleistung, wichtige Qualitätsmerkmale, Schnittstellen usw.

Durchführbarkeitsuntersuchung
Das erarbeitete Konzept dient als Grundlage für die Machbarkeitsstudie. Denn es gibt immer Rahmenbedingungen die einzuhalten sind, wie z.B. finanzielle, zeitliche, fachliche und personelle Rahmenbedingungen.

Und erst zum Schluss wird ein Projektantrag erstellt, der dann den Zweck und Umfang des Projekts beinhaltet. Darin stehen welche Probleme gelöst werden und wie die anzustrebenden Ziele erreicht werden sollen.[2]

---

[2] Vgl. Friedrich D., Matheis E., Einführung in die Systementwicklung SWE101, S.28ff

2.1.1 Lastenheft

Das Lastenheft beschreibt die Anforderungen und Funktionen der zu entwickelnden Software. Man definiert in verbaler und grafischer Form, was die Software leisten soll. Neben dem Lastenheft, gibt es auch ein Pflichtenheft, das das Angebot des Anbieters beschreibt, wie und womit die im Lastenheft geforderten Funktionen erfüllt werden und welche Pflichten der Anbieter übernimmt. Da das Lastenheft nur im groben die Funktionen beschreibt besteht es oftmals nur aus wenigen Seiten. Es bedarf an Erfahrung für die Erstellung des Lastenhefts.[3]

2.1.2 Projektplan

Für eine erfolgreiche Durchführung eines Projekts ist ein solider Projektplan erforderlich. Dieser beschreibt die Vorgehensweise und legt detailliert fest, was wann und von wem zu tun ist. Damit bietet der Projektplan die Basis für die Kontrolle und Steuerung des Projekts. Desweiteren werden benötigte Mittel zum Erreichen des Ziels festgelegt (Budget, Kapazitäten, Termin, Ressourcen) und kann dadurch aus mehreren Dokumenten bestehen. Unter anderem wird ein Projektstrukturplan erstellt zur besseren Übersicht.[4]

Tätigkeiten	Kalenderwoche											
	9	10	11	12	13	14	15	16	17	18	19	20
		März				April				Mai		
01. Problemstellung formulieren		▓										
02. Aufgabenstellung formulieren			▓									
03. Anforderungsliste				▓								
04. Funktionsstruktur						▓						
05. Blockschaltbild							▓					
06. Stuktogramm								▓				
07. Dokumentation		▓	▓	▓	▓	▓	▓	▓	▓	▓	▓	

Tabelle 1: Projektstrukturplan

---

[3] Vgl. Friedrich D., Matheis E., S.30f
[4] Vgl. Brause R., Kompendium der Informationstechnologie, S. 210f

2.1.3 Kalkulation und Aufwandsabschätzung

Kalkulation

Basierend auf den festgelegten Zielen, Anforderungen und Rahmenbedin-gungen, muss eine erste Kosten- und Aufwandsabschätzung durchgeführt werden, damit sich die Wirtschaftlichkeit mit dem notwendigen Aufwand ge-genüberstellen lässt. Diese Kalkulation dient als Grundlage für eine Wirt-schaftlichkeitsbetrachtung.

Aufwandsabschätzung

Mit der Aufwandsabschätzung bewertet man in der Planungsphase die Kos-ten, Ressourcen und Termine. Kommt man zur Schlussfolgerung, dass die Kosten oder der Zeitrahmen nicht einhaltbar sind, müssen die Ziele oder Rahmenbedingungen neu angepasst werden, oder das Projekt muss auf ei-nen späteren Zeitpunkt verschoben werden. Im schlimmsten Fall ist das Pro-jekt nicht durchführbar.[5]

Um die Projektkosten zu ermitteln, gibt es verschiedene Methoden zur Auf-wandsschätzung. Der einfachste ist es, Experten eine Beurteilung vorneh-men zu lassen. Jedoch sind solche Schätzungen selten objektiv nachvoll-ziehbar. Eine weit verbreitete Methode ist die die *Function-Point-Methode.* Hierbei hängt der Aufwand für die Entwicklung vom Leistungsumfang ab. Bewertet werden Funktionalität nach Art, Umfang und Schwierigkeit. Diese werden mit vorgegebenem Punktesystem (Function Points, PS) bewertet. Über eine Erfahrungstabelle wird jede einzelne Anforderung in Function Points umgerechnet, der dann in Personenmonaten (PM) bewertet wird. Je mehr FP, desto höher der Aufwand für die Entwicklung.[6]

---

[5] Vgl. Broy M., Kuhrmann M., Projektorganisation und Management im Software Enginee-ring, S.152ff

[6] Vgl. Abts D., Mülder W., Grundkurs Wirtschaftsinformatik, S. 460f

2.2 Analysephase

Nachdem der Grundstein gelegt wurde mit Planung, Lastenheft, Projektplan und Aufwandsabschätzungen, beginnt die Softwareentwicklung mit der Analysephase. Hierbei werden allerlei Informationen über Arbeitsabläufe, Aufbaustrukturplan, Methoden etc. gesammelt und analysiert. Daraus wird ein Fachkonzept mit den Benutzeranforderungen und dem Leistungsumfang des Softwaresystems erstellt.

Die Analysephase unterteilt sich in vier Aufgabenbereiche:

- Ist-Analyse
- Soll-Konzept
- Modellierung der Anforderung
- Entscheidung: Stand- versus Individualsoftware

Die Analysephase ist kosten- und zeitintensiv ohne unmittelbar einen Erfolg in Form eines Programms vorzuweisen. Dennoch ist sie wichtig um vorzeitige Fehler (z.B. Designfehler) zu erkennen und zu beheben, bevor teurere Fehlerkosten entstehen. Je später der Fehler im Laufe des Projekts erkannt wird, umso teurer ist es die zu beheben.

2.2.1 Ist – Analyse

Bereits in der Planungsphase wurden grob die Probleme erläutert. Nun müssen diese Probleme verfeinert werden und die Schwachstellen ausgemerzt werden. Dabei kann die Ist-Analyse in vier Aufgabenbereiche unterteilt werden: Schwachstellenanalyse; Erfassung des Ist-Zustandes, Analyse des Ist-Zustandes und Bewertung des Ist-Zustandes.

In der *Systemabgrenzung* wird festgelegt, welche Teile vom Unternehmen oder Prozesse betroffen sind.

Beim Erfassen *des* Ist-Zustands, werden für die Konzeption alle benötigten Informationen, die für die Software relevant sind, zusammengetragen und beschrieben. Hierbei werden die Arbeitsgänge, Verarbeitungszeiten, Schnittstellen, Qualifikationen etc. untersucht. Verschiedene Techniken stehen dabei zur Verfügung:

- Geschäftsanalyse (Ist-EPK)
- Fragebögen
- Interviews
- Beobachtungen und Messungen
- Durchsicht der Unterlagen
- Analyse Kundenwünsche

Anschließend erfolgt die *Analyse des Ist-Zustands* um Schwachstellen und Mängel herauszufinden. Hierbei sollten die Mitarbeiter stark in das Projekt einbezogen werden damit Verbessrungsmöglichkeiten realisiert werden können und Probleme vermieden werden.[7]

In der *Bewertung des Ist-Zustands* geht es dann letztlich um die Verbesserungsmöglichkeiten sowie auch Ermittlung und Bewertung der Ursachen.

2.2.2 Soll-Konzept

Das Soll-Konzept ist eine detaillierte Beschreibung des Projekts. Es werden verbindliche Anforderungen an die Software im Lastenheft festgelegt. Bei der Erstellung des Soll-Konzepts sind zahlreiche Aspekte zu berücksichtigen:

Zielbestimmung
Die gesetzten Rahmenbedingungen (Termine, Budget, Ressourcen, etc.) werden präzisiert und für die Zielerreichung abgeleitet.

Benutzeraspekt
Betroffene Mitarbeiter und Abteilungen werden festgelegt und welche Qualifikationen zukünftige Benutzer haben muss.

---

[7] Vgl. Friedrich D., Matheis E., S. 38ff

Funktionaler und datenorientierte Aspekt

Das Fachkonzept beschreibt die Anforderung an die Software aus fachlicher Sicht. Dazu ist es nötig die Geschäftsprozesse darzustellen. Das fachliche Modell besteht weiterhin aus einer Beschreibung der Funktionen, Daten und Systemverhaltens.

Leitungsaspekt

Die Leistungsanforderung an die Software wird präzisiert. Funktionen und Daten werden in Zeit und Genauigkeit formuliert. z.B. Verarbeitungs- und Reaktionszeit.

IT-Aspekt

Hardware, Software, Schnittstellen, Sicherheit und Service stehen hier im Mittelpunkt. Wie z.B. PC-Voraussetzungen, Betriebssystem, Ausfallsicherheiten, erreichbare Hotline, etc.

Qualitätsaspekt

Anforderung an die Qualität, wie z.B. Benutzerfreundlichkeit, Effizienz, Änderbarkeit, etc. werden gestellt.

Randbedingungen

Hier werden alle Anforderungen die nicht direkt die Software betreffen zusammengefasst. Wie z.B. gesetzliche Vorschriften, Normen, Datenschutzregeln, Aufbewahrungsfristen, Revisionsfähigkeit, etc.

In einem erweiterten Lastenheft werden die Ergebnisse aller fachlichen und informationstechnischen Anforderung zusammengefasst. Dieses dient dann als Ausgangsdokument für das Pflichtenheft, das als Grundlage für die nachfolgende Entwurfsphase dient.[8]

---

[8] Vgl. Friedrich D., Matheis E., S. 41ff

2.2.3 Modellierung der Anforderung

Die meisten Aspekte werden meist verbal beschrieben, allerdings eignet sich ein Text nicht, wenn man Anforderung auf Vollständigkeit und Eindeutigkeit überprüfen muss. Um das Fachkonzept verständlich und übersichtlich darzustellen gibt es eine Vielzahl von Methoden, mit denen sich die Anforderungen modellieren lassen. Bekannte Methoden sind:

- *EPK – Ereignisgesteuerte Prozessketten*

Die EPK ist eine weit verbreitete Methode. Sie stellt die komplexen Geschäftsprozesse mit wenigen grafischen Elementen verständlich dar. Die Ablauflogik wird über die eintretenden Ereignisse und Verzweigungen dargestellt.

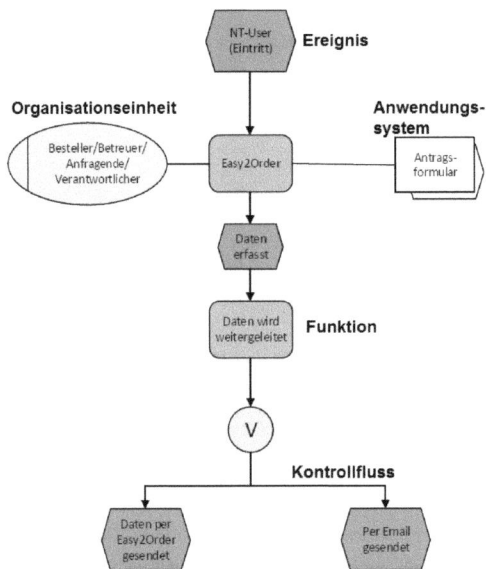

Abbildung 1: EPK für neuen Mitarbeiter mit IT-Rollen und Berechtigung

- *ER- Modell - Entity-Relationship-Modell*

Mit dem Entity-Relationship-Modell lassen sich die Daten hervorragend beschreiben und die Strukturen abbilden. Objekte werden durch Beziehungen verbunden. Das Modell basiert auf folgendes Konzept.

Entitäten: Entitäten werden als Informationsobjekt modelliert. Sie sind die Objekte einer Klasse. Wie z.B. ein Buch, eine Person, etc.

Relationen, Assoziationen: Sie bilden die Beziehungen zwischen den Entitäten. Wie z.b. eine Person besitzt ein Girokonto

Kardinalitäten: Kardinalitäten drücken die Zuordnung der Entitäten dar. So kann eine Person mehrere Girokonten haben. Diese werden mit *m:n* angegeben

Attribute: Sie stellen die Eigenschaft der Entitäten dar. Wie z.B. die Kontonummer eines Girokontos einer Person.[9]

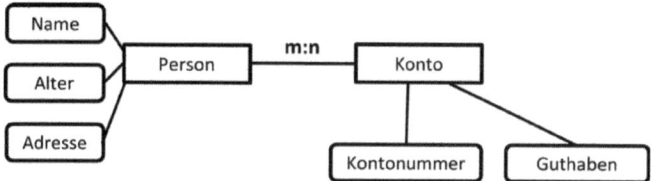

Abbildung 2: Beispiel für ein ER-Modell

- *Funktionshierarchie*

Funktionen werden hierarchisch Unter- bzw. Überordnung dokumentiert. Sie bieten eine übersichtliche Darstellung mit Teilfunktionen und Abhängigkeiten zueinander.

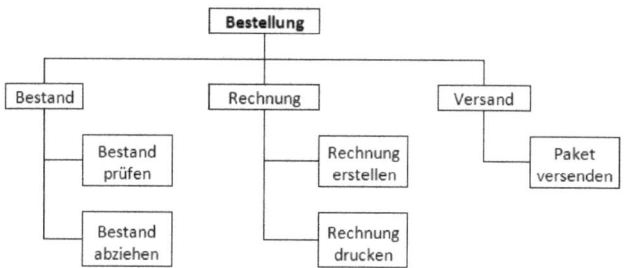

Abbildung 3: Funktionsbaum einer Bestellung

---

[9] Vgl. Brause R., S. 216f

- *Strukturierte Analyse*

Mithilfe von Datenflussdiagrammen lassen sich die Anforderungen strukturieren. Datenflussdiagramme basieren auf dem Prinzip der datengesteuerten Verarbeitung. Jeder Prozess arbeitet erst dann, wenn die Ihm benötigten Datenflüsse eintreffen. Auf dieser Grundlage kann eine Überprüfung der Anforderung mit dem Benutzer vorgenommen werden.[10]

2.3 Entwurfsphase

Ausgehend von der Anforderungsbeschreibung im Lastenheft, wird im Pflichtenheft die Anforderungen technisch umgesetzt. Dafür wird ein DV-Konzept erstellt, das die Softwarearchitektur beschreibt, die Benutzerschnittstelle entwirft und Datenstrukturen enthält.

Softwarearchitektur
Durch Modularisierung d.h. die Zerlegung in Teillösungen, lässt sich die Komplexität eines Problems reduzieren. Aufgaben und Funktionen können separat implementiert werden. Und durch das Geheimnisprinzip stellt sich das Modul nach außen nur als Schnittstelle dar und die interne Verarbeitung bleibt verborgen. Dadurch bleiben die Module überschaubar und lassen sich leicht pflegen. [11]

Zur Erstellung von Modulen gibt es verschiedene Entwurfstechniken. Der Aufbau der Architektur kann in funktionsorientierter sowie auch in objektorientierter Technik erstellt werden. Bei der funktionsorientierten Technik steht die Funktion an der Spitze der Hierarchie und bei der objektorientierten Technik bilden die Objekte und Klassen die Einheiten der Modularisierung.

---

[10] Vgl. Brause R., S. 217f
[11] Vgl. Friedrich D., Matheis E., S. 60ff

Benutzerschnittstelle

Zu den wichtigsten Voraussetzungen gehört eine Benutzeroberfläche für die schnelle Akzeptanz eines Softwaresystems bei den Benutzern. Dazu muss eine optimale Benutzerschnittstelle geschaffen werden. Moderne Benutzerschnittstellen werden als grafische Benutzeroberflächen erstellt. Dadurch kann der Benutzer die Ereignisse von einer Oberfläche steuern und die Software agiert im Hintergrund und reicht die Informationen entsprechend weiter.[12]

Datenstrukturen

Für die Datenstrukturen wird ein Datenbankschema entworfen. Dieses besteht aus Tabellen, die Attributen, Kardinalitäten und Entitätstypen entsprechend bestehen. Als Basis dient das zuvor erstellte ER-Modell.[13]

2.4 Realisierungsphase

Nach erstellen eines DV-Konzepts wird in der Realisierungsphase die Software mithilfe von Programmiersprache und Datenbanken in ein lauffähiges Programm umgesetzt. Hat man sich für die Individualsoftware entschieden müssen die Phasen der Programmierung, Test und Inbetriebnahme durchlaufen werden, bevor die Software freigegeben wird. Bei Standardsoftware muss das Programm an die spezifischen Bedürfnisse angepasst werden und ein Vertrag abgeschlossen werden für Beratung, Schulung, Wartung etc. Desweiteren muss die notwendige Hardware beschafft werden.

2.4.1 Programmierung Individualsoftware

Zunächst wird für die Entwicklung die geeignete Programmiersprache ausgewählt. Dabei spielen viele Faktoren eine Rolle, wie z.B. Marktverbreitung, Systemarchitektur, Sprachdesign etc. Die Erzeugung des Programmcodes für die Anwendungsprogramme kann dann durch Codieren, generieren oder

---

[12] Vgl. Friedrich D., Matheis E., S. 69f
[13] Vgl. Friedrich D., Matheis E., S. 66ff

konfigurieren vorhandener Komponenten erstellt werden. Und für die Daten werden Datenbankmodelle generiert.

2.4.2 Testen der Programme

Nachdem die Module mit dem Programmcode erstellt wurden, müssen umfangreiche Tests durchgeführt werden. Ziel ist es, möglichst alle oder viele Fehler zu finden und die Vollständigkeit der Anforderung zu überprüfen.

Mit Tests können nur Fehlersymptome, nicht aber Fehlerursachen gefunden werden. Die absolute Fehlerfreiheit eines Programms kann man dadurch nicht garantieren. Bei einem Test werden das Programm oder die Module mit Testdaten ausgeführt und damit die Lauffähigkeit und die Funktionalität getestet. Dabei wird zwischen zwei Testverfahren unterschieden:

Black-Box Test: Tests erfolgen aufgrund von Spezifikationen. Die Programmstruktur ist dabei nicht bekannt. Mit diesen Testdaten wird die Korrektheit der Ergebnisse überprüft.

White-Box Test: Die Programmstruktur ist bekannt, und alle Funktionen und Befehle werden möglichst vollständig überprüft.[14]

Gefundene Fehler erzeugen häufig einen großen Aufwand in der Fehlerbehebung, einige führen sogar zu großen Änderungen im Softwaresystem. Die Korrektheit des Softwaresystems kann man nur im Zusammenspiel aller beteiligten Komponenten beurteilen. Dafür gibt es verschiedene Testverfahren:

Einzeltest:
Nur bestimmte Module, Komponenten werden isoliert voneinander überprüft.

Integrationstest:
Komponenten werden im Zusammenspiel getestet.

---

[14] Vgl. Brause R., S. 222ff

Systemtest:

Das Gesamtsystem mit vorhandenen Schnittstellen wird im Zusammenspiel getestet

Verfahrenstest:

System wird in der praxisnahen Betriebsumgebung getestet.

Abnahmetest:

Zukünftige Anwender testen die Software unter realen Einsatzbedingungen

2.4.3 Inbetriebnahme

Die Softwareentwicklung endet mit der Einführung und Inbetriebnahme des Softwaresystems. Dazu gibt es verschiedene Verfahren:

Direkte Umstellung (Big Bang):

Die Umstellung erfolgt an einem bestimmten Tag. Danach wird das alte System abgeschalten und das neue System wird aktiv geschalten. Daraus ergibt sich eine kostengünstige Einführung, was einem hohen Risiko gegenübersteht. Stellen sich jetzt Fehler ein, kann das fatale Folgen haben.

Parallelbetrieb:

Das alte und das neue System werden für eine bestimmte Periode parallel betrieben. Daten werden simultan in beiden Systeme verarbeitet, dadurch wird das Risiko eines totalen Ausfalls minimiert. Der Anwender ist dadurch höheren Belastungen ausgesetzt.

Stufenweise Umstellung:

Das neue System wird schrittweise durch einzelne Teilsysteme eingeführt. Neue Teilsysteme werden erst eingeführt, wenn das alte Teilsystem erfolgreich und Fehlerfrei in Betrieb genommen ist. Bei den Anwendern ist höhere Akzeptanz zu erwarten, da Sie sich nicht zu schnell an die Umstellung gewöhnen müssen.

Ortsumstellung:

Das neue System wird nur in kleinem Bereich oder Arbeitsplatz umgestellt. Erst wenn sich das neue System dort bewährt hat, wird der komplette Bereich umgestellt. Dies führt zu hohen Einführungskosten, reduziert allerdings das Risiko eines totalen Ausfalls.[15]

3 Projektplan zur Verwaltung von Netzwerkordner

Am Standort Reutlingen hat die Firma Robert Bosch GmbH den Sitz des Geschäftsbereiches AE (Automotive Electronic), der sich aus den Bereichen Entwicklung, Fertigung, Personal und Zentralbereich zusammensetzt. Diese Bereiche können dann noch weiter unterteilt werden in Abteilungen. Und jede dieser Abteilung nutzt Netzwerkordner zum Speichern von wichtigen Daten. Dabei hat jede Abteilung ihre eigene Art und Weise zum verwalten und freischalten von Netzwerkordner.

In den letzten 20 Jahren haben sich dadurch über 7000 Netzwerkordner angesammelt. Im Jahr 2013 wurde der IVP (Informations Verarbeitungs Partner) mit seinen Tätigkeiten am Standort Reutlingen zentralisiert. Zu den wichtigsten Aufgaben gehört das verwalten und freischalten von Netzwerkordner. Daher musste für diese Freischaltung und Verwaltung ein Standard erstellt werden.

3.1 Planungsphase

In der Planungsphase wurde das Problem mit der Verwaltung von Netzwerkordner nochmal konkretisiert. Das Hauptproblem bestand darin, dass jede Abteilung Ihre eigenen Methoden zum Freischalten von Netzwerkordnern hat. Daraufhin wurde ein Konzept erarbeitet, für die Umstellung der Netzwerkordner auf eine zentrale Verwaltung. Auf Basis dessen wurde ein Projekt-

---

[15] Vgl. Friedrich D., Matheis E., S. 79

vorschlag entworfen mit den Problemen, Wünschen und definierten Zielvorgaben. Mit dieser Zustimmung wurde ein Lastenheft erstellt.

3.2 Lastenheft

Im Lastenheft wurde der aktuelle Zustand nochmal kurz geschildert. Anschließend wurden die Anforderungen und Funktionen an der geplanten Software beschrieben.

Das ausführliche Lastenheft würde jetzt hier den Rahmen sprengen und ist nicht Teil dieser Ausarbeitung. Daher werden nur die zwei wichtigsten und entschiedensten Punkte für die Umsetzung genannt. Die Software soll einen Ordner auf allen Netzwerkordner erstellen, die für jeden Mitarbeiter zugänglich ist. In diesem Ordner befinden sich dann die Informationen über den Netzwerkordner-Verantwortlichen sowie die Möglichkeit für den Zugriff auf Freischaltung für diesen Netzwerkordner.

3.3 Projektplan

Ein Projektplan wurde für das vorliegende Projekt nicht erstellt, da die Programmierung von einem Externen Dienstleiter durchgeführt wurde. Die Nutzung der Software, für die Umsetzung auf eine einheitliche Verwaltung der Netzwerkordner, wurde anschließend ebenfalls nur von einer Person bedient. Man einigte sich mit dem externen Dienstleister, dass die fertige Software innerhalb von 2 Wochen abgegeben wird.

3.4 Kalkulation und Aufwandsabschätzung

Die Programmierungskosten wurden anhand von Erfahrungswerten zusammen mit dem externen Dienstleister ermittelt. Hierbei wurde nachfolgenden Kriterien beurteilt und eine Arbeitszeit - Kalkulation durchgeführt. Die Arbeitsstunde kostet ca. 65€. Und die Gesamtkosten betragen ca. 5200€.

Tätigkeit	Arbeitsstd.
An- und Abreise	6
Durchsprache Lastenheft	2
Programmierung Code	
Ordner erstellen mit Informationen vom Verantwortlichen	4
Zugriff auf diesen Ordner für alle Bosch-Mitarbeiter ermöglichen	16
Netzwerkpfad - Filter-Einstellungen	16
Log-Dateien erstellen (Fehler und Status)	4
Tabelle erstellen mit Zugriffrechten	8
Tabelle erstellen mit freigeschalteten Personen	8
WebServer - für Genehmigungen / Ablehnung vom Zugriff	8
Mailserver - E-Mail an Requester / IT-Partner	8
Summe Arbeitstd.	80

Tabelle 2: Aufwandsabschätzung für die Programmierung einer Rechtverwaltung

3.5 Analysephase

Ist-Analyse

Bereits während der Planung eines einheitlichen Konzepts, wurden die verschiedenen Methoden der Freischaltung für einen Netzwerkordner untersucht. Hierbei zeigte sich, dass auf vielen Netzwerkordnern sensible Daten liegen wie Patente, Personenbezogene Daten, Akquise Projekte.

Für viele von diesen Netzwerkordnern, gab es keinen Verantwortlichen. Dies führte zu Problemen in der Übersicht der Freischaltung. Da täglich über 50 Zugriffrechte angefragt wurden, hat der zentrale IVP, nach eigener Verantwortung, Mitarbeiter für Netzwerkordner freigeschaltet. Dieser Prozess wurde bei einem Audit als erheblicher Mangel deklariert und musste behoben werden.

Soll-Konzept

Die Freischaltung auf einen Netzwerkordner soll erst durchgeführt werden, nachdem der Verantwortliche bestätigt hat, dass ein Mitarbeiter für diesen Netzwerkordner freigeschaltet werden darf. Darüber hinaus soll der IVP nur noch genehmigte Freischaltungen als E-Mail erhalten.

In jedem Netzwerkordner stehen die Informationen zum Verantwortlichen und sind für jeden ersichtlich. Zusätzlich wird in einer Tabellarischen Form, die bisher freigeschalteten Personen angezeigt. Damit der Verantwortliche jederzeit eine Übersicht hat, wer aktuell auf seinen Netzwerkordner zugreifen darf.

Des Weiteren soll die Möglichkeit bestehen einen Zugriff zu beantragen, der dann automatisch als Workflow zum Verantwortlichen weitergeleitet wird.

Modellierung der Anforderung

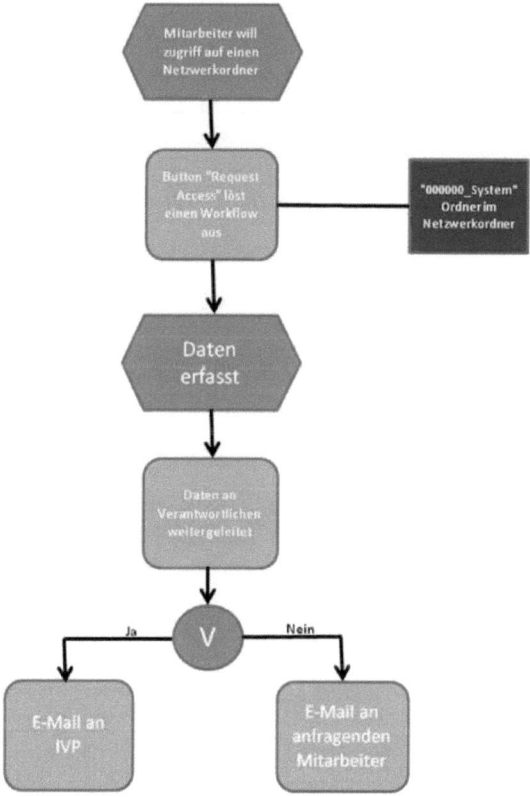

Abbildung 4: EPK: vereinfachtes Modell eine Netzwerkfreigabe

3.6 Realisierungsphase

Nachdem die Individualsoftware programmiert wurde, wurden Tests auf fünf Netzwerkordnern durchgeführt, die keine sensiblen oder wichtigen Informationen beinhalten, damit bei einem Fehler keine Daten verloren gehen. Getestet wurde die Software nach dem White-Box Prinzip. Jede gestellte Anforderung an die Software wurde überprüft.

Bereits nach dem ersten Test, war man mit den Funktionen nicht ganz zufrieden. Hier bestand erheblicher Nachholbedarf.

Inbetriebnahme

Da man sich auf weitere Fehler in der Software eingestellt hatte, wurde in kleinen Schritten die Verwaltung umgestellt. Abteilung für Abteilung wurden einzelne Netzwerkordner umgestellt.

4 Zusammenfassung

Die Einführung automatischer Softwareproduktionsprozesse bringt erhebliche wirtschaftliche Vorteile. Die Herstellungskosten sinken, und die Qualität des Produktes wird besser. Doch bis die fertigungsreife Software programmiert ist, muss diese erst entwickelt werden. Eine gute Softwareentwicklung kann über Qualität und den Erfolg eines Projektes entscheiden. Meistens wird an der falschen Stelle „gespart", sodass am Ende einige Probleme auftreten, die sich nur mit viel Aufwand beheben lassen.

Dieses Assignment erläutert die einzelnen Phasen der Softwareentwicklung. In der Planungsphase werden ein Lastenheft, Projektplan und erste Aufwandsabschätzungen durchgeführt. In der Analysephase wird noch eine Ist-Analyse erstellt und ein Soll-Konzept entworfen. Dazu gibt es verschiedene Darstellungsmöglichkeiten. Die Entwurfsphase beschäftigt sich mit der Konkretisierung der Software. Abschließend wird in der Realisierungsphase die Software in Betrieb genommen und erste Tests durchgeführt.

Auch in dem genannten Beispiel für die Programmierung einer Software zur Verwaltung von Netzwerkordner, ist das Projekt anfangs gescheitert. Hier mussten weitere 80 Arbeitsstunden investiert werden, da man etliche Verbesserungen vornehmen musste. Auch das Weglassen eines Pflichtenhefts kostete am Ende Zeit und Geld, weil eine Funktion, die die Software erfüllen sollte, komplett missverstanden wurde.

Für ein gutes Softwaremanagement gehört viel Erfahrung dazu. Erst durch Fehler lernt man, auf welche Details man in der Planung achten muss. Schlussendlich hatte der Projektmanager andere Vorstellungen von der Software, wie der externe Dienstleister Sie programmiert hatte. Verbesserungen haben Zeit und Geld gekostet.

IV.   Quellenverzeichnis

M. Blume: Networks and distributed Systems (1999), URL:
http://www.rvs.uni-bielefeld.de/publications/Incidents/DOCS/ComAndRep/
Ariane/Esa/ariane5/COPY/ariane5rep.html   (Stand: 17.09.2017)

Friedrich, D., Matheis E., (o.J.) Einführung in die Systementwicklung, Grundlagen der Softwareentwicklung SWE101

Broy M., Kuhrmann M., (2013). Projektorganisation und Management im
Software Engineering. Heidelberg: Springer-Verlag

Brause R., (2005). Kompendium der Informationstechnologie. Hardware,
Software, Client-Server-Systeme, Netzwerke, Datenbanken. Heidelberg:
Springer-Verlag

Abts D., Mülder W., (2017). Grundkurs Wirtschaftsinformatik. Eine kompakte
und praxisorientierte Einführung [9. Auflage]. Wiesbaden: Springer-Verlag